2015 Choi Sung pil

이 도서의 국립중앙도서관 출판예정도서목록(CIP)은 서지정보유통지원시스템 홈페이지(http://seoji.nl.go.kr)와 국가자료종합목록 구축시스템(http://kolis-net.nl.go.kr)에서 이용하실 수 있습니다. (CIP제어번호: CIP2015012966)

포엠포엠Books 004

다시 살고 싶은 날

최성필 시집

1쇄 발행 | 2015년 5월 10일
2쇄 발행 | 2015년 12월 1일
3쇄 발행 | 2020년 6월 23일

지은이 | 최성필
기획·제작·편집 | 한창옥, 성국
디자인 | 성국, 김귀숙
그림 | 조병완

펴낸곳 | 도서출판 **포엠포엠** POEMPOEM
출판등록 | 25100-2012-000083

본 사 | 서울시 송파구 잠실로 62 트리지움 308-1603 (05555)
편집실 | 부산시 해운대구 마린시티 3로 37 오르듀 1322호 (48118)
출간 문의 | 010-4563-0347, 02-413-7888
팩스 FAX | 02-6478-3888, 051-911-3888
이 메 일 | poempoem@daum.net
홈페이지 | www.poempoem.kr
인 쇄 | (주)에스제이씨성전

정가 13,000원

ISBN 978-89-969275-9-4 03810

포엠포엠Books 004

다시 살고 싶은 날

최성필 시집

■ 시인의 말

길 위에 서면 나는 갈 곳이 없다.

2015년 5월

최 성 필

차례

시인의 말 — 5

1부

우야꼬 — 14
모란꽃 — 16
아름다운 야외 목욕탕 — 18
검정 고무신 진짜 타이어표 — 20
다시 살고 싶은 날 · I — 22
봄소풍 — 24
박꽃 — 26
여름 산길 — 27
어느 해 여름 휴일 — 28
최고 요리사 우리엄마 — 30
고향의 봄 — 32
숨바꼭질 — 34
내도 니도 구멍조끼는 없다 — 36
정 — 38
원추리 — 40
내가 있고 니가 있고 — 41
서러움에 — 42
가을의 추억 — 44

2부

가을소풍 — 48
휴교 — 50
고향의 한여름 밤 — 52
수많은 이별 — 54
봄 — 56
다시 살고 싶은 날 · II — 57
초록의 유월에 — 58
꿈이었나 — 60
2013년 참새 — 62
8월에 — 64
내 고향의 추석 — 66
봉답물 지키기 — 68
어느 날 — 70
새 — 72
번데기 — 74
나무하기 · I — 76
봄밤 — 79
꾀꼬리 — 80

3부

수제비 —— 84
타향 —— 86
다시 갈 수 없는 날 —— 89
약초밭 —— 92
소 먹이기 —— 94
어머니 —— 97
여우비 —— 102
벚꽃나무 —— 104
다시 살고 싶은 날 · Ⅲ —— 106
산다화 —— 107
더 텅 빈 날 —— 108
가을 하늘 —— 109
눈을 감고 —— 110
진달래꽃 —— 112
밤비 —— 114
언제나 그리워라 —— 116
보리타작 —— 118
틀니 —— 120
돌아갈 수 없는 길가에 주저앉아 —— 122

4부

이승을 남겨두고 —— 127
통학 —— 128
괴나리봇짐 —— 130
다시 살고 싶은 날 · IV —— 132
석양 —— 134
그대 —— 136
감꽃의 추억 —— 137
내가 정한 친정집 —— 138
아들 —— 140
재래시장 뒷골목 길 —— 142
닭 잡는 날 —— 144
11월의 단풍 —— 146
가을 —— 148
할머니 —— 149
돌담 —— 150
우리 동네 가을 —— 153
참깨밭 —— 154
나무하기 · II —— 156

5부

논고동 —— 160
다시 살고 싶은 날 · V —— 162
비온 뒤 —— 163
제비 —— 164
그냥 가는 곳 —— 166
꿈 —— 168
매미 —— 170
빨간 돈주머니 줍던 날 —— 172
복숭아 —— 174
완두콩 —— 177
라일락 꽃 —— 178
봄의 씨앗 크로커스 —— 180
송아지 —— 182
돌아서면 남 —— 184
시 —— 185
보리논 김매기 —— 186
꽃샘추위 —— 188

■ 작품 해설 | 발화되기 시작한 새싹의 숨결
— 이철경(시인 · 문학평론가) / 192

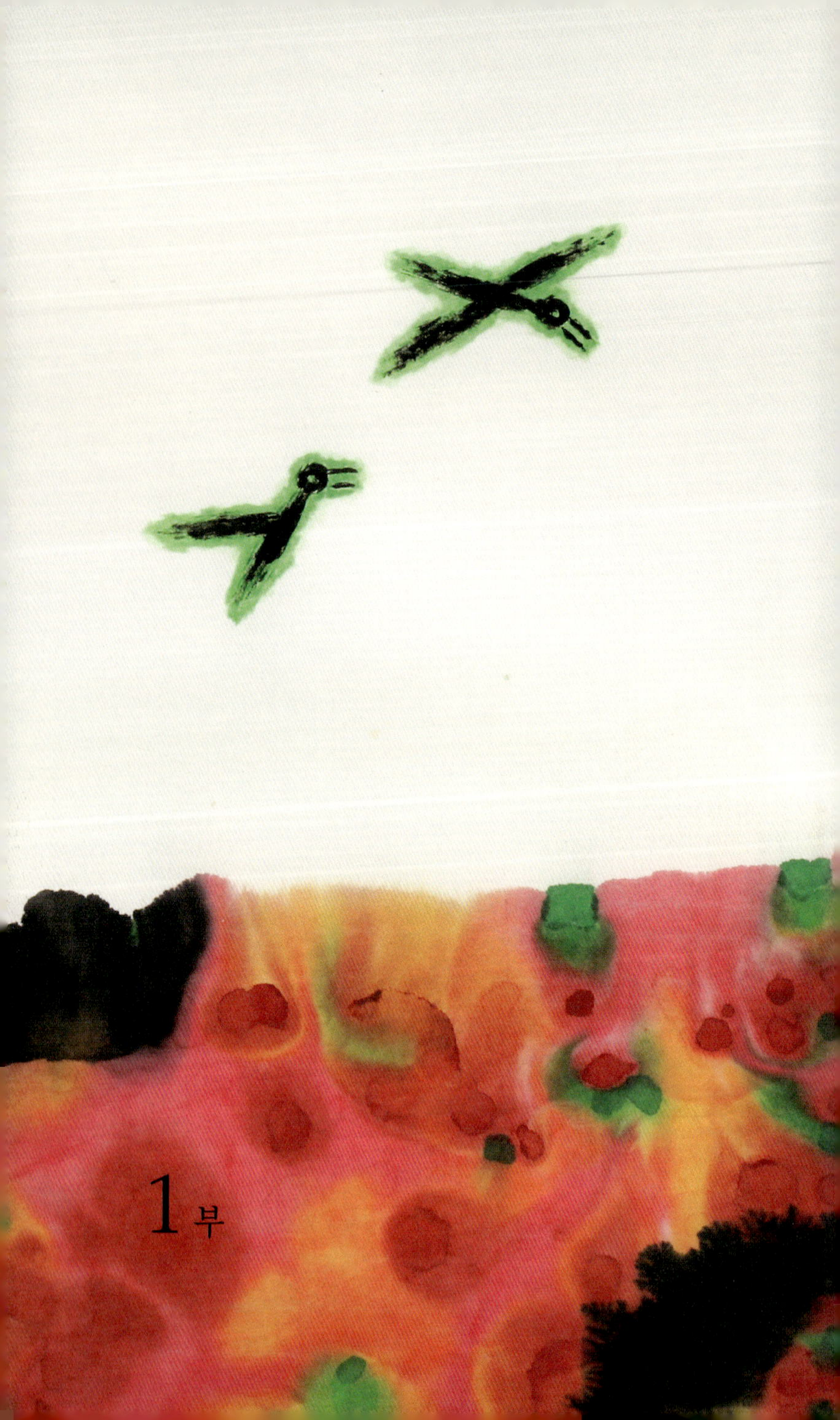

1부

우야꼬

날은
한가로이 따사롭고

새는
이리저리 하늘에서 뒹굴고

꽃봉오리는
살며시 웃으며 벌어지고

아지랑이
아롱아롱

우짜겠노
이렇게 아까운 봄을

꽃을 안고 울까
새를 보고 웃을까

열여섯 살에
장롱 속 곱게 넣어둔

연분홍 치마를 꺼내 입을까

우야꼬!

모란꽃

꽃이
피기를
꽃이 지는 그날부터 기다렸다

꽃봉오리가 나올 때
꽃이 빨리 질까 봐
비 안맞게 꽃 위에 비닐을 덮고
꽃봉오리
입 맞추고
손도 흔들고
사랑을 퍼부었다

살며시 피어난다

새들이 지저귀고
햇살이 웃고 있다

예쁘다

너를 만나 정말 반갑다

아름다운 야외 목욕탕

마음을 두고 온 고향
보고 싶은 산골 우리 동네

바닥이 바위로 된 자그마한 계곡 대장골
풋 아가씨들의 여름 야외 목욕탕이다

시원하고 향기로운 산물을 마구 바가지로 뒤집어쓴다
양옆으로 싱그러운 숲이다
새들은 초록색 나뭇잎 뒤에 숨죽이며 숨어
몰래몰래 보고 있다
바람이 같이 보자고 살랑이면
화르르 놀란다
햇살은 나뭇잎 사이로 바람 타고 내려와
아가씨들 분통같은 젖가슴을 어루만진다

물소리

새소리

나뭇잎 떠드는 소리

싱싱한 알몸의 자지러진 웃음소리

풀잎 속에 숨어 살며시 흩어지는 한 줄기 매혹적인 야생화 향기

너무나 황홀한 여름날이다

검정 고무신 진짜 타이어표

한 십년 신으라고
아버지가 오일장에서 사다주신
새로 나온
진짜 타이어표 검정 고무신

얼마나 크던지
발에 잘 걸리지도 않던
신어도
신어도
잘 닳지도 않던
정말
찔긴

고무신이 지겨워
어느 날
몰래 연필 깎는 칼로 찢었다

아버지는

송곳으로 뚫어

실로 더 단단히 꿰매 주셨다

어휴!

다시 살고 싶은 날 · I

잠들기 전
너를 재우며

내일은 집안 일 빨리 끝나면

우리 아기 포대기 덮어 업고
동네 한 바퀴 돌면서
한가롭게 놀아야지 했던게
어젯밤 같은데

벌써
손녀가
우리 아기보다 더 컸구나

예쁜 우리 아가야
엄마는
아직도
그날에
정지되어 있구나

너는
어른이
되었는데

봄소풍

엄마가 만든
자주색 저고리 곱게 입고

예쁘게 꽃 수놓은 광목 가방에
김치 넣고 길게 말은 김밥 두 줄
쑥버무리 한 뭉치

용돈 십 원으로
육학년 언니 육 원
일학년 나, 사 원 가지고
강둑에 봄소풍 간다

음료수 장수 강물 떠서
오렌지색 색소 풀고 사카린 넣어 만든
불량음료수 한 병 사먹고
보물찾기로 받은 공책 한 권
선물로

아버지 파랑새 담배 한 갑 사서 가방에 넣고
즐겁게 놀고 오던 소풍

민들레
제비꽃과 꽃다지와
맑게 맑게 웃었다

박꽃

첫 친정 간 날
시집살이 서러워
어린 시절 소꿉놀이하던
뒤 곁 돌담 뒤에 숨어 소리 없이 울려는데

저녁연기
노을에 흠뻑 젖은 초승달
앞산 소쩍새 소리
돌담 위에 하얗게 은은한 향기품고
순정을 다 바쳐 피어있는 박꽃들과 어울려

현실의 시름 다 잊고
박꽃 향기 따라올라
곱고 고운 별빛 되어
밤새도록 반짝였다네

여름 산길

응달진
맑은 물 흘러내리는 바위 틈새
눈물나게 예쁘게 핀 물봉선화들
그 옆에 산국화 가을을 기다리고

벌 한 두 마리 꽃가루를 먹고 있구나

뻐꾸기 소리 꿈속같이 황홀하게
멀리서 들려 오구나

뻐꾹 — 뻐꾹 —

무릉도원을 만들었구나

내가 이곳에 있구나
니가 내 곁에 있구나

어느 해 여름 휴일

산 밑에 자리한
아늑하고 조그마한 강
강변엔 크고 작은 자갈이 넓게 펴져있다

돗자리 깔고
가만히 앉아 구경만 하는 할머니 할아버지

여기저기
젊은 아빠 엄마와 아가야들
튜브 타고 물장구치며 노는 가족들

남녀 잘 생기고 예쁜 대학생들 무더기로 물속에서
물싸움하고

저 — 쪽엔 집안 모여 고기 굽고 밥하고 난리다
저쪽 풀숲 가에 황새 부부 고기 잡고 있고
파란 하늘에 연하게 흩어진 솜구름

시원하게 들려오는 버드나무 위의 왕매미 소리

가끔씩 산 위에서 불어오는 반가운 솔바람

무릉도원이다

너와 내가
이곳에서
행복에 젖어 있구나

최고 요리사 우리엄마

들판에 노랗게 익은 나락
홀태에 훑어
나무 절구통에 찧어
갈잎 솔잎 불 때어
큰 무쇠 솥에
누룽지 노랑노랑 고소한 냄새
노을 진 가을 골목길에 진동하게
자르르 자지고

갈치는
솔잎 불 땐 아궁이에
불 다독거려 비집고 석쇠에 얹어 굽고

김은
솔잎 묶은 솔로 참기름 소금 발라서
솔잎 잿불에 굽고

우리 집 암탉 수탉 사랑으로 낳은 계란은
쌀뜨물 받아 섞어 밥 위에 얹어 찌고
무시래기 집장 섞어
양푼에 담아 밥 위에 얹어 찐

우리 엄마의
동화 같은 밥상

솔향기 솔솔
엄마냄새 가득하던
친정집 부엌

고향의 봄

살구나무
연분홍 꽃이
통통하게 피었다

학교 갔다 오거나
새벽에 아무도 안 일어났을 때
가슴 설레며
살구나무 밑으로 뛰어간다

깔아 놓은 보릿짚 위에
노 — 랗게 익어
나무 밑에 떨어진
유에프오 같은
살구 한 알

눈이 얼굴보다 더 커진다

앞산에 까치 살고
뒷산에 진달래 곱게 살고 있던

할머니 아버지 어머니 형제 많아
언제나 시끌벅적했던
못 견디게
그리운 곳
고향 우리 동네
내가 살던 우리 집

숨바꼭질

정월 대보름날
내 친구 은숙이랑 여러 명 술래잡기 한다
술래 몰래
짚단무더기에 들어가 숨고
누군지 모르게
흙에 뒹굴어 얼굴에 흙 묻히기
옷 바꾸어 입기

둥그런 달님은 하늘높이 둥실 떠 있다

지푸라기와 흙을 뒤집어쓴 채
뒷동산으로
들로
골목길로
천방지축 뛰어다니며
엎어져 무릎이 까진 채
짚단 세워 불 붙여

달집에 불이야!

큰 소리로 소원도 빌었다

내일 또 놀기로 했는데
반세기가 지났다

오늘 밤도 그날같이 달이 밝구나

내 고향 골목길도 훤하겠지

내도 니도 구멍조끼는 없다

생일 축하
생신 축하로 바뀐지도 여러 해다
케이크에
큰 초 작은 초가 빽빽하다

돌아보면
공룡시대에서 온 것 같다

울리고
웃기며
세월은 이유 없이 흘러
구멍조끼도 없이
눈먼 갈매기도 오지 않는 바다에 와있구나

무릉도원을 찾아
야호!
소리치며

목청껏 내 18번 가요를 뽑으며
머무르고 싶었는데

거슬러 갈 수 없이
멀리 떠 내려와

언제나 그렇듯이
어쩔 줄 몰라
두리번거리고 있구나

정

이별이
이별이
서러워라

떠나는이 붙잡을 수 없어
위로차 심은 꽃들이
또 나를 울린다

예쁘게 피는가 하면 진다

아 —

모란 꽃잎 떨어진다

산 넘어 꽃이 진다
언덕 위의 꽃이 진다

이별이

이별이

서러워라

원추리

깊은 산 속
약수 흐르는 바위 옆

아침이슬 머금고
밝고 맑은 햇살향기 듬뿍 품으며

꾀꼬리와
푸른 숲과
시냇물이 어우러져

더
예쁜

갓
피어난

원추리꽃

내가 있고 니가 있고

꾀꼬리
소리에
온 산천이
고요하다

꽃 속에
온 세상이
고요하다

꾀꼬리 소리
꽃향기
골목길에 아이들 소리
동회관에 고스톱 치는 소리

얼마나
좋은가

서러움에

아득한
시간을

음력 이월의 봄바람 속에서
하염없이 헤매었구나

돌아가고 싶은 철없던 날

이제 가을 소풍이 남아있구나

우리 모두
잘 어울리다 떠나자

길을 떠나
꼭 돌아간다고 생각했던
착각 속의
그 정지된

인생에 고향아

안녕히 —

7월의

푸른 탄력 있는 나뭇잎들이

바람결에

살랑인다

가을의 추억

온 세상이 울긋불긋 단풍진 가을날

아버지 자전거 타고 고개 넘어 오일장에 가시어
갈치, 짚으로 묶어 한 묶음 사오셨다
복판 동가리는 다음 장날까지 아버지 반찬으로
조그마한 단지에 넣어 정성스레 소금 뿌려 절인다

음식솜씨 억수로 좋은 엄마
쌀뜨물 진하게 받아 무 삐져 넣고 갖은 양념으로
작은방 솥에 불 때어 갈치국 북짝북짝 끓이고
와룡와룡으로 지리나락 타작하여 절구통에 찧어
풋강낭콩 섞어 큰 방 큰 솥에 솔가지로 불 때어
고소하게 자지고
둥그런 판에 빙 둘러앉아
판 복판에 큰 양푼에 밥 가득 담고
무채나물 한 양푼이
갈치국 남색 꽃무늬 하얀 사발에 한 사발씩

시퍼런 배추김치 손으로 찢어 밥 위에 얹어
꿀맛같이 먹는다
구수한 숭늉 한 사발씩 더 먹고
저녁내 밤이 깊도록 아버지께서 들려주시는
빨갱이 이야기 징용 간 이야기 왜놈 이야기
언제나 탤런트같이 온몸으로 그때를 재연하시며
액션 연기를 하신다
우리는 저녁마다 모범 관람객이다
모두가 모여 있어
외롭지 않던 그 날들이
언제까지나 영원할 것 같았던 그 날들이
저 멀리 갈 수 없는
희미한 전설의 등대로 깜빡이고 있구나

2부

가을소풍

아직 알이 덜 찬 고구마
뽑아서 삶고
나무에 달린 싱싱한 감은
아까워 못 따고
병들어 땅에 떨어진 떨감 주워
소금물에 며칠 담갔다 꺼내고
오징어채 고추장에 무쳐
부추 참기름 깨소금 무쳐 넣고 싼
김밥
코스모스 연분홍 진분홍
가지런히 줄 서서 얼굴 내밀고
하얗게 웃으며 살고 있는 가을 길을
우리들도 알록달록
조잘조잘 웃으며 얘기하며
줄을 서 걸어간다
다시 한 번 그 소풍
오늘 밤 꿈속에서 갈 수 있다면…….
골짜기의 억새도 우리를 기다리며 하얗게 웃고 있겠지

휴교

초등학교 4학년 때
큰 강둑이 터졌다

흙탕물이 온 들을 다 덮어
바다같이 되었다
교실도
운동장도 다 잠겼다

얼마나 기분이 좋던지

수박이 둥둥 떠다니고
장독도 떠다니고
보릿짚 둥둥 떠다니는 위에
이상한 뱀들이 우글우글 엉켜 떠다니고
파란 사과도 떠다니고

어른들은 물가에 나와

먹을 게 다 떠내려 간다고
한숨을 태산같이 쉬고 있는데

명절같이 나는 기뻤다

오래도록
학교에
안 가도 되니까

고향의 한여름 밤

까만 밤하늘에
수많은 별들이 방긋방긋 반짝이고

앞산 뒷산 소쩍새는
신이 나서 소쩍소쩍

이 논 저 논 개구리
왁짝왁짝 개굴개굴

반딧불들 하늘에서
이리 뛰고 저리 뛰고 번쩍번쩍

동네 복판 도랑가를 쭉 —
내려가며 멍석을 깔고
총각은 기타치고
처녀는 노래하고
몰래몰래 사랑을 주고받고

아재 아지매 할매 할배
모깃불 피워놓고
노란 부채 들고
밤새도록 놀던
사람향기 진동하던 보고 싶은 사람들아

모두 다 어디로 떠났는가

오늘밤도 나처럼
어느 하늘 밑에서
옛날을 생각하며
눈동자 반짝반짝 빛나고 있겠지
언제나 눈물 속에 숨어있는
고향의 흙냄새
뛰어 놀던 강가
같이 놀던 동무들

수많은 이별

이별
크나큰 상처를 준다

꽃을 심자
이 꽃도 심고
저 꽃도 심고
온갖 꽃이란 꽃은 다 심자

올해 지면
내년 봄에 건강하게 더 예쁜 친구 불러서
내가 심은 꼭 그 자리에
땅속에서 살며시 웃으면서 나와 또 만날 수 있다

봄이고
여름이고
가을이고
겨울이고

이 꽃도 만나고
저 꽃도 만나고

외롭거든 꽃을 심자

봄

들판의 종달새 따라
조금 더
조금 더
하늘 높이 올라가 보고 싶고

매화 향기 따라
산 넘어
또 산 넘어
가보고 싶던

고향집
뜰에 핀

모란보다 어여쁘고
모란보다 수줍었던

열일곱의 봄날이 다녀간 적 있었지요.

다시 살고 싶은 날 · Ⅱ

소
먹이던

고향
강가에

4월의
초록 보리밭 위로

파란
하늘 속에
날아오른

그
귀엽던
종달새들

어디로
갔을까

초록의 유월에

구름도 해도
파란 하늘에서 한가로운
초록의 가로수 잎들이 풀잎들이
싱싱한 정을 쏟아붓는 유월의 도로를

모두 들떠 들로 산으로 달린다
서로 가며 말없이 정을 주고받는다

시인도 길을 나선다
검정고무신 색동저고리 볶은콩의 그리움에 젖어
외로움 가득 싣고
금방이라도 누구를 만나 얼싸안고
한바탕 서러운 울음을 터뜨릴 울음보따리를 싣고
이리저리 헤맨다

훌훌 다 내려놓고 정으로 가득 채울 마음으로

낙엽이 지기 전에
이리저리 얽혀
아낌없이 정을 퍼주는 자연과 더불어
가식은 벗어던지고
온 천지에 정을 정을 가득 퍼붓자

니정
내정
정에 취해
설움의 보따리가 텅 비도록

꿈이었나

분홍 진달래 꽃잎 위
봄 햇살 아낌없이 쏟아지는 날

내 고향 뒷동산 언덕
통통하고 뽀얀 해쑥 바구니 가득 캐어
진달래 한 묶음 손에 쥐고

돌담 줄지어 있는
동생들 깡통 차기 하며 노는
골목길 걸어가면

누부야!
부르는 봄 햇살보다 더 좋은 남동생 목소리

저 쪽 마당엔
커다란 황소 편안하게 누워 눈을 껌뻑이고
병아리 떼 졸졸졸 엄마 따라 다니고

빨랫줄에 매달려 빼짝빼짝 마르고 있는
보리밭 메다 풀물 묻은 엄마 몸빼바지

보릿고개 힘들어도
이 집 저 집 와글와글 모여
정을 나누며 정답게 웃는 웃음
담을 넘어오는
장독대의 잘 익은 된장같이
맛있는 웃음소리 마음 가득 채워
집으로 가던
고향 우리 동네 골목길
꿈이었나

2013년 참새

참새가 기와지붕 끝에
몇 집이나 신혼살림을 차려
지푸라기도 물어 나르고
조동아리도 맞추고
새끼도 까고 부지런히 일만 하더니

어느 날 새벽부터
따따따따 따따따따
싸우고 쪼고 못 살겠다고 떼굴떼굴 구르고
잔소리를 얼마나 많이 하는지
시끄러워 소리를 꽥 질러본다

새끼하고 살아가기가 힘이 드는지
숫놈이 옆집 암놈하고 바람이 났는지

오늘도 새벽부터 지붕 위에서
따따따따 따따따따

집 주인을 꼭 닮았다
지붕 밑에서도
따따따따 따따따따

싱싱한 기가 넘치는 집

8월에

날마다 햇살과 뜨거운 사랑을 주고받아
폼 잡고 예쁘게 크던
무르익은 아줌마 엉덩이같이 탄력 있던 나뭇잎
스타일 다 구기고
아이고 모르겠다
힘들어 축 늘어져 있구나

우리들도 정신없이 살다
좀 쉬자고 쉬어 가자고
휴가를 떠난다

야무지고 부지런한 해는
오늘도 지칠 줄 모르고 온 천지를 따글따글 볶는다

눈만 뜨면
영감 잘못 만나
아까운 청춘 가는 줄도 모르고 고생만 하고 다 날렸다고

달달 볶고 독이 올라 아이고 내 팔자야를 입에 달고 사는
연화댁 할머니도
한없이 순한 얼굴로 마루에 낮잠을 주무시고
대문 그늘에는 하루 종일 사랑에 굶주려 암캐 찾아 헤매는
정력 넘치는 누렁이도
그렇게 좋아하던 남정댁 할머니 삽살개 암놈이
꼬리를 살랑살랑 흔들며 눈을 깔고 지나가도
쳐다보지도 않고 불알이 축 늘어져 누워
혓바닥을 쭉 내밀고 침을 질질 흘리며
아이고 더워 나 죽네, 눈알이 풀렸다

기가 하늘을 찌르는 여름날을 덥다덥다 하다
또 내 청춘 다 갔다고 한숨 쉬며 탄식하며
아이고 비극뿐인 내 팔자야 하지 말고
그래도 내일보다 오늘이 젊으니
눈 번쩍 뜨고
만사를 기쁘게 희극으로…….

내 고향의 추석

도시로 돈 벌러 간 아가씨
나팔바지 쫙 뽑아 입고
분 냄새 향기로운 하얀 얼굴 뽐내며
고향에 오면

농사짓고
고향 지키는 총각
만물의 정기 다 받아 검게 탄 얼굴로
태산도 번쩍 들어 옮길 힘을 뽐내며
'달려라 고향열차 설레는 가슴 안고
눈 감아도 떠오르는 그리운 나의 고향역'
나훈아의 고향역 하루 종일 히트치는 라디오를 틀고
뒷동산에 올라가
분 냄새 향기로운 아가씨와 어울려 논다

도시로 간 총각은
울타리 분꽃 향기

긴 머릿결에 숨어 있는
별빛 가득한 눈동자 수줍은 시골 아가씨
살며시 안으면
너무 예뻐
차라리 눈을 감아 버리는
한시라도 잊은 적 없는
고향에 두고 온 아가씨 보고 싶어
기차 타고 가슴 설레며 달려오는
숨 막히게 아름다운
그 옛날의 고향 추석

봉답물 지키기

산에서 내려오는 물줄기는 하나인데
논은 두 집 논이다
우리 논의 위치가 위에 있다
서로 사이좋게 물을 대면
아무 문제없을 텐데
밑에 논 주인 아줌마가 욕심이 너무 많다
우리 논은 언제나 말라서 금이 가고
아줌마 논은 물이 철철 넘쳐흘렀다
아버지 물 대고 집에 가시면
숨어 있다가 싹 헐어버리고
수없이 이런 일이 되풀이되어
아버지 엄청나게 화가 나 벼르고 계셨다
그러던 어느 날 논에 물 들어가게 해 놓고
다른 쪽에서 지키고 계셨다
아줌마는 아버지 가신 줄 알고
나타나서 싹 헐어 자기 논에 물이 들어가게 하였다.
아버지 번개같이 삽을 들고 출연하셨다

십팔년 잡히면 삽으로 찍어 죽인다고 잡으러 가시고
아줌마는 짧은 다리로 논두렁을 타고 죽을힘을 다해
도망간다
그동안 저지른 죄로 잡히면 죽는다는 걸 안다
아버지는 아줌마를 향해 삽을 휑 집어던진다
평소 때 예의 바르게 형수님하고 불렀고
그 아줌마는 아버지를 도련님이라고 불렀다
얼마나 화가 났으면 죽인다고 했겠나
아무튼 나는 그 때부터 그 아줌마 때문에
모내기만 하면 가을까지 물꼬 지킨다고
친구들 하고 어울려 놀지도 못 했다
초등학교 방과 후 어두워 질 때까지

어느 날

늦은 봄날
한창 아카시아꽃 만발하여

온 동네가 푸르게 꽃향기에 취해있다

형제자매 다 모여

쑥떡 한 다라이
소주 맥주 갖다 놓고
뒷동산에서 논다

마이크 대신 술병 들고
자기 좋아하는 가요를
춤을 추며 부른다

거만한 사람도 내숭 떠는 사람도

봄날같이 활짝 열린 마음으로

아카시아 꽃향기와
노랫소리와
술에 취해

그
들
은

세
상
을

잊
었
다

새

앙상한
높은 나무
가지 꼭대기 위에

혼자 앉은
슬픈 작은 겨울새

애처로운 울음소리
노을 진
차가운 하늘을
가득 메운다

어제도
오늘도
아무리 웃어보려
목청 가다듬어도

애처로운 울음소리

노을 진

차가운 하늘을

가득 메운다

번데기

대소쿠리 들고 뽕잎 따러가는
아주머니 따라
오디가 새카맣게 익은 뽕나무밭 가는 길을
훨훨 날아가보고 싶었던 애벌레

뽕잎 열심히 먹고
고운 비단실 만들어
비행접시 닮은 하얀 성을 지어

그 속에서 소원 빌어

어느 날
짠 —

예쁜 나비 되어
들꽃 만발한 개울가도 날고
산꽃 만발한 뒷동산에도 날아보고 싶었는데

아 —

기름에 볶여
담배 연기 자욱한 술잔 사이
꽃무늬 접시에 담겨
술안주가 되었구나

나무하기 · I

다른 산은 주인이 지키지 않아
온 동네 사람들이 날만 새면
솔가지 갈비 억새풀 다 뜯어
밥 해먹고 소죽 끓이고 군불 때고
벌거숭이산이 되어
바닥도 깨끗하고
나무도 꼭대기 대가리만 가지가 남았다

주인이 악착같이 온종일 동네 산 잘 보이는 곳에
숨어 지키는 산이 있다
나무도 빽빽하고 억새 갈잎도 무성하다

아무리 빽빽해도 산 밑에서 보면
나무하는 게 훤하게 보인다
나무도 움직이고 소리도 나고

어느 날

나와 친구 몇 명 그 산에 나무하러 갔다
솔가지 조금 꺾으려고 하는데
엄청나게 무서운 산주인 영감
동네 제일 꼭대기 공동 우물가에서
고래고래 소리 지른다

나가라! ————————

이 산 저 산 메아리도 합창하며
나가라아아아아아아아 ————
우리는 혼비백산하여
산 속으로 멀리 멀리 도망가서
구덩이 속에 숨어 있었다

그 무서운 영감
어둑어둑해져도
산에서 기다리고 있다

남의 산에 나무해도 자기 산에 했다고 뺏어가려고
큰 작대기 손에 쥐고 눈을 부릅뜨고
귀신같이 허연 두루마기를 입고 서 있다

동네 사방팔방 나타날 것 같아서
아예 산에서 내려갈 엄두도 못 내고 있다가
영감이 저녁 먹으러 간 사이

모두 바람같이 집으로 향해 달렸다

갈잎도 억새도 해마다 다시 돋아나는데
인심을 조금 써도 될텐데
지독한 영감
산을 두고 옛날에 귀천하였다

영감이 귀천한 뒤에도
아무도 그 산에는 올라가지 않았다

봄밤

아무 소리도
안 들리고
그칠 줄 모르는
억수 같은 빗소리
밤새도록 요란하던
분홍 살구꽃봉오리 사르르 부풀던
칠흑같이 어두운 향기로운 봄밤
보리밭 속
종달새 두 마리
부리를 맞대고 또 맞대고
첫사랑에 수줍어 눈을 꼭 감던
아무소리도
안 들리고
그칠 줄 모르는
억수 같은
빗소리
밤새도록 요란하던
분홍 살구꽃봉오리 사르르 부풀던
칠흑같이 어두운 향기로운 봄밤

꾀꼬리

햇볕 아래 한가로이 살랑이는
고운 나뭇잎 사이
금빛 자태로 살포시 앉아

무지갯빛 울음 한 번으로
온 골짜기를
무아지경으로

구름이 바람이
숲이 시냇물이

원추리가 나그네가

기립 박수를 보낸다

3부

수제비

어린 날
겨우 보릿고개를 넘기고 있었는데
홍수로 보리밭이 물에 잠겨 먹지 못하게 되었다

한 여름 정오
마당에 있는 큰 개반시 나무 밑 우물 옆에
황토 흙으로 만든 아궁이 위에 백솥이 걸려있었다

엄마
보드라운 보릿겨로 반죽하여
물든 보릿짚 말려 불 때어 수제비 한 솥 끓인다
연기가 자꾸 눈에 들어가 눈물 흘리며

정성스레 뜯어 넣은 수제비 예쁜 모양으로 동동 떠있다
실컷 먹어야지 생각하며
우리는 군침을 흘리며 보고 있었다
수제비가 끓기 시작한다

동동 떠있던 맛있는 수제비 힘없이 다 풀려
북짝북짝 개 맛도 없는 개죽으로

보고 있던 나는 그만 큰 소리로 울었다
불 때던 언니는 멍하게 솥만 쳐다보고 있었다
엄마는 풀려버린 수제비를 힘없이 슬픈 눈으로 보고

햇볕은 더 쨍쨍 내리쬐고
벌레 먹은 개반시 열매도 장단 맞추어 여기저기 떨어진다
나무에 붙은 매미도 슬프게 울고 있었다
타다 남은 아궁이의 연기는
엄마의 눈물을, 땀을
흐르게 하고 있었다

타향

삶을 위해
별생각 없이 자리 잡은
제2의 고향

강산이 몇 번이나 변해도
내가 내릴 곳 아닌
그냥 스쳐가는
낯선 기차역 같은 이 동네

어젯밤
앞산 소쩍새 서럽다고
뒷산이 울리도록 울어
서러운 나를 울리더니

오늘은
뒷산 숲 속 뻐꾸기
오후 내내

내가 왔노라
조금 있다 떠나노라
힘없이
외롭게 울어
외로운 나를 못 견디게 하는구나

적막한 오선지에
삐꾹 삐꾹
소쩍 소쩍

다시 갈 수 없는 날

자운영 꽃향기와
들새들과
검정 고무신 손에 쥐고
강가를 날아다니던,

반짝이는 강물 속에 헤엄치며
물새들과 물장구치던
꽃잎보다 귀엽던 어린 소녀

뜸북새 울음소리 바람결에 들려오는
풀냄새 향기로운 들길을
소등을 타고 다니던

한여름 햇볕에
새카맣게 그을려
눈동자보다 더 까만 얼굴로
이웃동네 아이들과 전쟁놀이 하던

풀잎보다 푸르던 개구쟁이 소년

오늘 밤도 둘이 앉아
다시 갈 수 없는 날
앙코르공연을 시작한다
다시 한 번 무대를 차린다

새들의 합창소리 강물 소리
붉은 꽃잎 푸른 풀잎
춤을 추는 들판에서 강가에서

꽃향기 다시 날고
강 건너 산엔
뻐꾸기 울고
우리 동네 뒷산엔
후투티 다시 운다

관객은 없어도
공연은 대성공이다
신난다

강가
갈대밭에
황소도
음무우 —
함성을 지른다

약초밭

동네 앞에 있는
약초밭 김매러 가
언니 나 동생
점심 먹고 쉬는 시간
우그러진 도시락뚜껑 냄비뚜껑
젓가락으로 힘차게 두드리며
논바닥에 주저앉아
한판 논다
홍도야 울지 마라
나그네 설움
두만강 푸른 물에
악을 쓰며
소리 높여
뜻도 모르고 불렀다

흥겨웠던
다정했던 형제

다시 못 올
그날

소 먹이기

초등학교 저학년 때
나의 아침은
소 먹이기로 시작 된다
새벽에 아버지께서 깨우면
일어나기 싫어도 일어나야 된다
새벽에 소를 몰고 뒷산에 올라
한창 연하게 돋아난
갈풀이나 억새풀,
소가 좋아하는 풀들이 많아
우리 소는 혀를 내밀어
큰 입을 더 크게 벌리고
큰 눈을 더 크게 뜨고
우구작 우구작
욕심스럽게 맛있게 신나게 뜯어 먹는다
우리는 산딸기도 따먹고 오디도 따먹는다
그런데
깔따구가
머리에도 허벅지에도 눈두덩이에도

벌겋게 온몸을 깨물어
불룩불룩 가려워서 죽을 지경이다
억수로 가렵다

산새소리
풀냄새
토실토실한 소
빨갛고 귀여운 아침 해,
소 먹이기 조그마한 아이 나

온 몸을 긁으며 학교에 간다
공부시간에는 졸고
쉬는 시간에는 뛰어놀고
하루 종일 공부는 안 하고
친구들과 놀다가
책 보따리만 들고 갔다 왔다 한다
오후에 소 먹이러
신나는 강물이 흐르는 둑에 간다

둑 위에서
친구들과 공기놀이하고
강물 속에서 조개도 잡고
강가를 이리 뛰고 저리 뛰고
뛰어다니며 잡기 놀이도 하고

갈대가 흔들리면
귀여운 종달새들 좋아라
하늘 높이 날아오르고
이유 없이
우리도 같이 둑길을 달리던
아무 걱정 없이
놀기만 하던
신화 같은 이야기
소 먹이기

어머니

혼자 감당해야 된다

어려운 일이 있을 땐 버릇처럼
큰 소리로
험!
헛기침을 짧게 토하며
정신을 무장하고

홍시
550개를
무거운 나무다라이에 담아 이고
걸어서

혼자
집을 떠나
동네 어귀를 지나

고개를 넘어
마을을 지나
들길을 지나
나룻배를 타고
큰 강을 건너

키보다 훨씬 높은 갈대밭 좁은 진흙길을
맨발로 고무신을 신고
미끄러질까 조심조심 지나가면
갈수록
더
무거워져

목이
머리가
망치로 한없이 맞은 것 같이
아파도

참으며

또
동네를 지나
고개를 넘어
버스길을 한참 가다

구름 한 점 없는 하늘
아침 해는
동쪽으로 가는 내내
얼굴을 정면으로 비춰
엄마를 눈도 못 뜨게 괴롭히고 있었다

철둑길을 지나
농네들 지나
삼십 리 오일장에 팔아

우리 형제를 키우시던 엄마

바람결에 갈대가 흔들려
물새가 날고
햇살에
강물이 아름답게 반짝여도

엄마는 다른 세상에 있었다

벗어날 수 없는
이겨낼 수 없는
삶의 고통
서러운 눈물을

하늘을 보고 삼키고
땅을 보고 쏟아

엄마의 눈물이

삼십 리 길
하늘과 땅
산천을 적시고 있었다

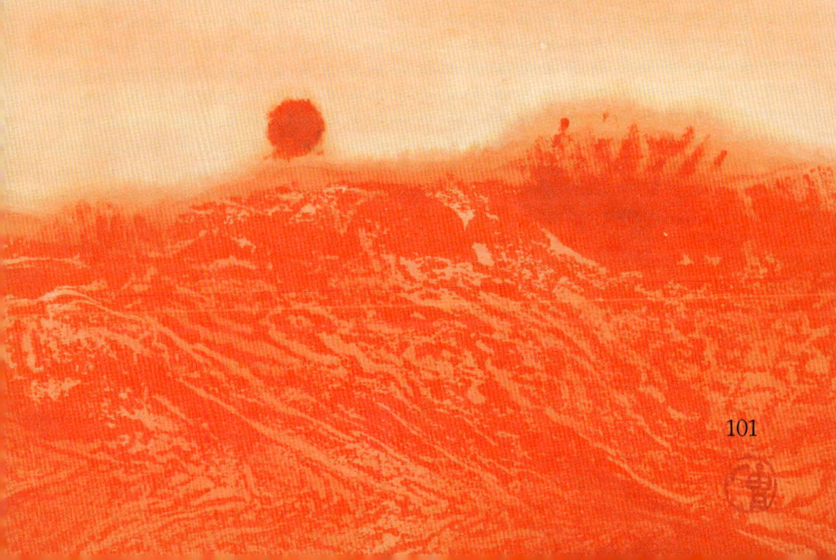

여우비

햇볕에
말라버릴까 봐

방긋 웃는
빨강 꽃잎 속에
얼른 숨는

외로워
외로워
지나가는 사람들의 옷깃에
부드러운 흙 속에
겨우 스며들다 말라버리는

있었는지 없었는지
있어도 없어도
아무도 기억해 주지 않는

외톨이 비

해님이 하루 종일 웃고 있는
어느 여름날 오후

눈물에 금빛 햇살을 섞어
파란 동쪽 하늘에

사람들이
깜짝 놀라는
가슴 설레며
행복해하는

예쁜 무지개를 만들었지

빨 주 노 초 파 남 보

벚꽃나무

지천으로 서 있는 벚꽃 나무들
나만의 무대를 차려
봄여름 가을겨울을
공연하고 싶어
벚꽃나무 한 그루 사서 마당에 심었다

연분홍 수줍은 봄이
까르르 까르르 웃으며
억만 송이
눈부시게
머물다 떠나가고
푸른 여름이
주렁주렁 달려있는 벚꽃 나뭇가지 위에
매미 한 마리 앉아
여름을 노래한다
바람 타고 맴 맴 맴

그 가지 위에
국화향기 스쳐가고

하얀 눈꽃
억만 송이 머물던 날

푸른 여름 매미가 그랬듯이
작은 겨울새
벚꽃 나뭇가지 위에 앉아
호오르르르르르르르
호오르르르르르르르
겨울을 공연한다

다시 살고 싶은 날 · Ⅲ

통학 버스 안
향긋한 그리움 한 줄기 뻗어 나오는
내리고 싶은 마을 앞 지날 때마다
마을 안길 안 보일 때까지 본다

혹시나
귀여운 소녀
골목길 사뿐사뿐 걸어오고 있을까

통학 버스 지나가기 전
나물바구니 들고 버스길을
혼자 부끄러워 얼른 그냥 한 번 지나가본다

버스에 탄
보고 싶은 소년이 혹시나 볼까봐

산다화

온갖 꽃
다
겨울잠 자는데

눈 내리는 겨울이 좋다

밤새 내린 함박눈
하얗게 덮어쓰고

눈에 즈려
반은 얼어
아름답게 피어 있는 겨울 꽃

빨갛게 빨갛게 혼자 피어

삭막한
계절을
온몸으로 빛내고 있다

더 텅 빈 날

이 세상에 누구 내 말 들어줄 사람 없소!

대답이 없구나
우주를 둘러봐도 아무도 없구나

이 일을 어찌할꼬!

나홀로 나홀로 나홀로 뿐이구나

꾀꼬리야 울어라
너라도 울어다오

원추리야 피어라
너라도 피어다오

가을 하늘

봄부터
날아 오른
꽃향기 뭉게구름 속에

골목길
돌담 밑
사이좋게 앉아
소꿉놀이 하던
숙이 필이가 보인다

봄부터
날아 오른
꽃향기 가을바람 속에

딸아이 손잡고
코스모스 핀 가을 길을 웃으며 걸어가던
내가 보인다

눈을 감고

복숭아꽃
진달래꽃
꽃잎 속에 향기 속에

동무들과
버들피리
만들 생각에

밤새도록
잠 못 자고
설레던 밤

키가 안 닿아
겨우 겨우 꺾은
수양버들 가지 하나면

뛰며 날며

세상을 다 가진 것 같았던

나의 봄아

어디로 가 있느냐

진달래꽃

밤비 밤새 곱게 내린
봄 향기 가득한 맑은 봄날

내 동생 창환이와
진달래꽃 무더기로 핀 뒷산에 올라
키 작은 소나무 사이
솔향기 속에 예쁘게 핀 분홍 진달래꽃

한 소쿠리씩
멍들지 않게 살살 따 담아

엄마 진달래꽃 머리에 이고
읍네 장에 걸어가셔서
약초상에 팔아

내 동생 하얀 고무신
내 신 꽃고무신

사오셨다

'우아!'
'누부야 진달래꽃 억수로 많다'
좋아 어쩔 줄 모르던
진달래꽃 같이 따던
그 동생이 보고 싶구나
꽃신 들고 활짝 웃으시던
젊고 예쁜 우리 엄마 그립구나

밤비

2014년 7월 3일 00시 59분
주룩주룩
궁합이 딱 맞게
어둠과 비가 어울려
창문을 두드린다

말라가는 가슴을 적신다

많은 세월이 흘러도
잊지 않아야 할
밤비 하염없이 내리는 편안한 밤이다

가로등 불빛 아래
백일홍 꽃봉오리 터질 듯이 부풀어
나와 눈이 마주치자
활짝 웃으며 행복해하고 있다
봉선화

채송화도
담장 옆의 키다리도
비에 젖어 편안하게 잠들었다
아무 걱정 없이
다 편안하다

주룩 주룩
주룩 주룩
후두둑 후두둑

언제나 그리워라

눈을 감고 오늘 밤
고향 도랑가에 찾아가 앉아본다
그렇게도 많이 놀았던 곳
참 물이 깨끗했다

겨울엔
아버지께서 만들어주신
나무 스케이트 탄다고
빨갛게 언 손 호호 불며

얼음에 미끄러져
얼마나 엉덩방아를 많이 찧었는지
옷이 다 젖어
엄마한테 혼나고

여름엔
장마 끝난 뒤 물 맑아지면

하얀색 분홍색 색돌 주워
고무신에 물 붓고 돌멩이에 갈아 음료수 놀이

소금쟁이 가재 송사리 떼 하고 놀았는데

혹시나
누가 있나
누가 오나
한참을 기다려도
무심한 바람에 풀잎만 흔들리고 있구나

보리타작

별이
똥 누러 가는 높은 밭에
보리가 익었다
우리 아버지는 농부가 아니시다
내가 태어나기 전부터
면장 선거 몇 번 출마하시고
가산을 탕진했다
오랫동안 농사를 지어주던
머슴들은 다른 집으로 가고
보리를 동네 어귀에 닦아놓은
타작마당으로 날라야 한다
아버지께서 보릿단을 묶어 머리에 얹어 주신다
꼬불꼬불 밭길을 반쯤 내려오면
머리도 눈도 귀도 코까지 보릿단 속에 들어간다
길도 안 보이고
한 번씩 손으로 보릿단을 비집고
길을 보며

수십 번을 오르락내리락

그때
옆 산에

뻐꾹 — 뻐꾹 — 뻐꾹 —

얄미운 뻐꾸기

틀니

한참 전에
고개 넘어 버스 타러 가셨던
엄마
허겁지겁 대문에 들어오신다

'얘야 내 이빨 보지 못했니?'

이곳저곳
있을만한 곳 다 찾아보아도
아무데도 없다
큰일 난 얼굴하고 계신다
어쩌지

'엄마! 아 — 해보세요, 입속에 있네요.'

'아이고 큰일 날 뻔 했구나'
'어떻게 한 이빨인데'

그렇게 애지중지하시던 이빨
가지고 가시지 못하고

빈손으로 귀천하셨다

돌아갈 수 없는 길가에 주저앉아

스쳐 가면
숨이 콱 막히게 광채 나는 젊은이들
나의 옛날이 그립구나

뜨거운 젊음의 시간들을
삶의 사막에서
송두리째
모래 속에 묻어버리고

머리에서 발끝까지
하나하나 계급장만 늘어나고 있구나

미워진 내가 보기 싫어
거울이 보이면 고개 돌리고 지나간다

시간이 아깝고
세상을 뒤돌아 볼줄 알 때

이미 가슴속에 차표만 움켜쥐고 있을 뿐
젊음의 기차는
본적도 없고
기적도 울리지 않고
바람같이 떠난지 오래구나

길가에
주저앉아
또 하루가 가는구나

4부

이승을 남겨두고

산속
고개 넘어
조금 가면
다 찌그러진 슬레이트 지붕
반쯤 허물어져 있는 흙담 너머로
보이는
시커먼 아궁이
솥은 고물장수가 가져갔는지
몇 년째 보아도
빨랫줄에 그냥 널려 있는
누런 버선 한 짝
낡은 런닝
자식들 다 떠나고
할머니 혼자 사셨나 보다
볼 때마다
속세를 적시는
슬픔아

통학

읍내 학교로 통학할 때
버스는 아침에 한 번 저녁에 한 번 마을 앞을 지나간다
엄마가 예쁘게 다림질한 교복 곱게 차려입고
운동화 깨끗하게 개울물에 씻어
햇볕에 쨍쨍 뽀송뽀송하게 말려 신고 버스에 탄다
버스가 동네를 지날 때마다 학생들이 터지도록 탄다
여학생은 앞에 타고
얼굴에 여드름이 버글버글
모자를 삐딱하게 쓰고
능글능글 웃으며 가방을 옆구리에 낀
불량 남학생들은 버스 뒤쪽에 탄다
차장은 문이 안 닫혀도 계속 사람을 밀어 넣는다
오라이! 차장이 버스 옆구리를 탕탕 치면
버스기사 아저씨 일부러 브레이크 한 번 슬쩍 잡는다
밀려서 다 넘어져 문이 닫힌다
교복은 꾸게 꾸게 엉망이고
신발은 밟혀서 흙투성이가 된다

키가 작은 나는 보이지도 않고 숨도 겨우 쉬고
실핀 예쁘게 꽂고 단정하게 빗은 단발머리는
핀도 없어지고 다 헝클어진다
매일 그렇게 다녔다
버스 뒤에 탔던 키크고 늘씬하고 잘생긴
불량 남학생 중 한 사람이 우리 남편이다
그런 속에 사랑이 싹튼 것이다
지금도
아름다운 사랑으로 이어지고 있다
그때와 똑같이

괴나리봇짐

한 겨울에
시집간 큰 언니
봄이 오기 전에
봄옷 갖다 주러간다

산 넘고
산 넘어
들길과 둑길을 걸어
또 산 넘어

괴나리봇짐도 나도 키가 똑같다

어깨에 짜매어 메고
걸어서 간다

이십 리 길
겨울 해는 짧고

나는 여덟 살

아버지께서는
내가 가다가
논두렁 밑이나 산모퉁이 패인 곳에
춥다고
절대로 앉으면 안 된다고 신신당부하신다

잠들어
얼어 죽을까봐

다시 살고 싶은 날 · Ⅳ

설
추석에
옷 한 가지 사주면
좋아서
하늘까지 뛰어오르고

엄마가
불 때어
물고구마 한 소쿠리 삶아 놓고
숭늉 한 양푼이 갖다 놓고

추운 겨울밤
이불 속에 발 넣고
우리 형제 노래하며 얘기하며
이불 하나로 서로 잡아당기며 놀던 밤

지금은

다

남보다 남이 되어가고 있지 않은가

외롭구나

남극이구나

북극이구나

석양

몰래
숨어 있는
나를
찾아내어

마지막
남은
하얀색
물감으로

반항해도
소용없이

지울 수
없는
그림을

나의 머리에 그리고 있는 세월을 보았지

마지막
남은
하얀색
물감으로

그대

나를 만나
나 때문에 시달려
늙은 그대여
천둥 같은 젊음과
태양같이 빛나던 얼굴이
순한 양으로
주름으로 시들어져
마음을 아프게 하네
미안하오
미안하오
미안하오

감꽃의 추억

새벽에 일어나

실에 꿰어
길게 주운
노란 예쁜 감꽃

땅에 닿을까
손 높이 들고

하나 둘 먹으며

걸어서

큰 고개 너머 있는
학교에 간다

내가 정한 친정집

친정 부모님 돌아가시고
시부모님 돌아가시고

마음 깊은 곳 외로워 서러울 때
아무 데도 갈 곳이 없다

그래서
남해에 있는
펜션 여우비에 간다

마음고운 주인아저씨가 있고
예쁘고 깨끗한 이불 베개 그릇
돌 틈 사이 피어있는 꽃
잔잔한 바다
여기저기 흩어져 놀고 있는 작은 섬
잘 정리된 그림 같은 마늘밭

토요일 밤중에
두 시간 이상 먼 길을 달려 몇 시간 자고 온다

한동안
마음이
편안해진다

아들

할아버지 할머니 슬하에
아버지 고모 이렇게 두 분 뿐인데
엄마가 시집와서 딸만 낳았다
연달아 다섯 명을
다섯 번째가 내다
음력 삼월 보릿고개 추울 때
엄마는 나를 낳고 서러워서 한없이 울고 또 울고
아버지는 동네 창피해서 나가지도 못하겠다고
할머니는 대가 끊기게 되었다고 울고
나는 그냥 울고
죽으라고 이틀 동안 씻어주지도 않고
윗목 추운데 밀쳐놓았다고
모두 내게 얘기했다
내 밑으로 엄마 아들 두 명 낳았다
남동생 낳은 추운 겨울밤
할머니 광목 솜저고리에 광목 고쟁이만 입고
추운 마루에 나가 덩실덩실 춤을 추셨다

아버지도 덩실덩실 어깨춤을 손뼉을 치면서 추셨다
우리 가족 전부 다 기뻐서 울면서
동생 고추를 보고 또 보고
할 수 있는 것 다해주고 다 사주면서
금이야 옥이야 온 식구가 업고 들고 키웠다
우리 올케
눈을 떽꼴시며 소리 지르며 동생과 싸워서 이긴다
저승 가신 우리 엄마 보시면 어쩌려고
아이고 귀하고 귀한 내 동생아
올케 콱 쥐어박아주고 싶다

재래시장 뒷골목 길

아들딸 도시로 내 보내 잘 키운
안목 높은 할머니들의 경로당이다
산에 가서 산나물
들에 가서 들나물
손톱 밑에 언제나 새카맣게 나물 물이 들어있다
쭈그러진 노란 양철 도시락에
밥하고 김치하고 대충 싸서
나물 보퉁이 속에 넣어 머리에 이고
한 보따리는 가슴에 안고
완행 시골버스 타고 가서
푸성귀 잘 다듬어 나무판자 위에 펴 놓고
길가에 등 구부리고 가지런히 쭉 앉아
바지 속 빨간 양단 주머니에
나물 팔아 꼬깃꼬깃 모아 놓은 보석 같은 돈
그 고생 많은 돈으로 무엇을 하겠는가
빈 고동 껍질처럼 혼자 남아
외로워 서러워서 장에 나온다

이런저런 위로하며 위로받으며
언제나 아슬아슬하게 다니시는 재래시장 뒷골목 길
그 골목 지날 때면
가슴이 막혀온다
할머니 시대 끝나면
전설처럼 텅 빈 골목 되겠지
오늘도 에덴의 동산을 지키는
주인같이 앉아계신 할머니들

닭 잡는 날

똥집 반으로 갈라 뒤집을 때가 신기하다

암탉 수탉 뜨거운 사랑의 씨앗 달걀 모아
암탉이 품어 병아리 삐약 삐약 깨어나
목단꽃 라일락꽃
창포꽃 원추리꽃
그늘 향기 속에 돌아다니며 잘 크면
가을 추수 끝난 뒤
몸보신하는 날, 약육강식 닭잡기
나는 절대 안 빠지는
징검다리 돌멩이 위에 구경꾼,
파마머리 알록달록 꽃무늬 셔츠 입은 엄마
개울가에서 닭 모가지 비틀어
펄펄 끓는 물 털 위에 퍼부어 털 싹 뽑는다
배 갈라 창자는 칼 뒤집어 갈라 똥 빼고
똥집은 반으로 갈라 뒤집어 속껍질 벗기고
소금에 싹싹 문질러

왁자지껄 내려가는 개울물에 씻어낸다
찹쌀 넣고 대추 넣고
무쇠 솥에 솔 장작으로 불 때어 푹푹 고아낸다
큰 광에 벼 가마니 가득 쌓아 놓고
작은 광에 누런 호박 억수로 따 놓고
멍석 위에 둘러 앉아
무르익은 가을향기 맡으며

참, 맛있다

11월의 단풍

파랑새가 놀다가고
후투티가 놀다가고
방울꽃 도라지꽃 피었다 지고

봄바람 여름바람
떠나지 못하게 붙잡아도 길을 떠나고

그들이 그리워
세월로 지은
노랑 저고리 다홍치마
그리움 흐르는
파란 가을하늘 시냇물에 씻어
애달픔에 적시고
서러움을 수놓아
국화향기 뿌려 입고

온 천지 사람들을 불러내어
가을바람과 어울려
춤을 추며
마지막 축제를 열었구나

떠난 이들
찾아
떠나려고
길 떠날 차비를 다하였구나

이별의 골짜기에 우리들을 남겨두고

가을

이 산
저 산
단풍잎 모두 따
노을 빛 애타는 눈물로
장아찌 담아

단지 속에 꽁꽁 돌멩이 눌러 숨겨야겠다

이 가을이 영영 가지 못하게

할머니

꽃 내음
흠뻑흠뻑 젖은
봄이
있었지요

싱그러움
철철 넘치는
여름도
있었지요

기억해 주오

돌담

시골 시댁 뒤곁에
쏟아 나서 넘쳐흐르는 우물가에
대낮에
생쥐 한 마리가 물 먹으러 나왔다가
새끼 고양이에게
딱 걸렸다

고양이는 배가 불렀는지
쥐를 물지 않고
양쪽 발로 이리차고 저리차고
가만히 보고 있다가
도망가려고 하면
또 이리차고 저리차고
쥐는 살아날 길이 없고
고양이는 계속해서 쥐를 괴롭힌다
쥐는 이미 기진맥진해있다
고양이는 눈알을 장난스럽게 굴리며

남 죽는 줄 모르고
계속 괴롭힌다
그런데 돌담이 나타났다
다 죽어가던 쥐는
눈알이 반짝 빛나더니
죽을힘을 다해
돌담 구멍 속으로 몸을 숨겼다
갑자기 일어난 일에
고양이는 눈이 둥그렇다

주둥이를 넣어 봐도 닿지 않고
발을 넣어도 닿지 않는다
쥐는 겁에 질려
담 구멍에서
눈을 새카맣게 뜨고
달달달 떨고 있다
한참 동안 지키던 고양이는

슬그머니 다른 곳으로 갔다

겁이 나서
그 쥐는
다시는
바깥으로 못 나올 것 같지만
그래도
나와서
먹이도 찾아야 되고

고양이를
또
만날지도 모른다

우리 동네 가을

담장 위
논 길가
밭 언덕 구석구석
한아름 되는 누런 호박들이
여기도 저기도 주렁주렁

예쁜 노란색 호박꽃
지천으로 피어있다

국화향기 실은 가을바람 살며시 지나간다

높은 하늘엔

솔개 한 마리
날개를 쫙 펴고 멋있게 지나긴다

참깨밭

내가
개미만 하게 작을 때
언니랑 둘이
별이 똥 누러 가는 높은 곳
참깨밭
김을 매러 갔다

양푼에 밥 담고
반찬은 고추장 한 가지

벌레 들어갈까
보따리에 싸서
할머니 산소 소나무 가지에 매달아 놓고
일하기 싫어
풀 한 포기 안 뽑고
소나무 그늘에 해 질 때까지 낮잠만 잤다

'애들아 일 많이 했냐'

'네, 거의 다 했어요'

아버지
검사하러 안 오시니까

나무하기 · Ⅱ

할머니가
만들어준 망태가
나보다 더 커
땅에 닿는다

혼자 나무하러 간다

무서워서
산 밑에 있는
소나무가지 몇 개
손으로 꺾어
망태에 담고
호랑이 나올까 봐
집으로 헐레벌떡 달려온다

산향기
솔향기
망태 속에 담아

5부

논고동

아득한 집
뜸부기 가고
추수 끝난 텅 빈 논

아버지
잡초
뽑으러 다니신
발자국 안에

소복소복
모여

비 오면
빗물 먹고

눈 오면
눈물 먹고

봄이 오기를 기다리며

소복소복
모여 살고 있는
동글동글
까만까만 논고동

다시 살고 싶은 날 · V

꿀밤 나무 꿀밤은
눈을 꼭 감았다

소나무 솔방울은
나뭇잎 뒤에 숨었다

햇살은
내려오다 멈춘다

새들은 나뭇가지 위에서
쥐 죽은 듯 조용하다

진달래꽃 나무 위의 분홍치마는
흙 향기로 더 아름답다

소녀의 땀방울이

주황색 나리꽃 속의
소녀의 붉은 볼 위에 떨어진다

비온 뒤

세상사 별것 없다

내가 가꾼 꽃밭에
채송화 빨강 노랑
아침마다 모여서
나를 보고 웃으며
조잘조잘 애교애교

봉선화 붉게 수줍어
잎사귀 속에 숨어 방긋방긋

멋쟁이 키다리꽃 바깥세상 보고 싶어
담장 보다 훌쩍 커
하늘 속에 하늘하늘 춤을 춘다

나비도 좋아라
꿀벌도 좋아라

지화자 좋구나
망각의 세계에서 나도 좋아라

제비

눈을 감아도
눈을 떠도
설레는 화창하고 고요한 봄날
제비 두 마리 원래 있던 제 집 수리한다고 분주하더니
어느새
새끼 네 마리 노란 주둥이 벌려 먹이 달라고 난리다
밤에는 엄마 아빠 밤새도록 집 옆에서 지킨다
행복하다

금세 날으는 연습한다

어느 날 밤
새끼 세 마리 어디 가고 막내 한 마리만 집에 자고 있다
다음 날 네 마리 다 자더니
그 다음 날은 새끼는 다 떠나고
엄마 아빠만 빈 집을 지키고 있다
섭섭해서 그날 밤 나는 소리 없이 울었다

그 뒤로 밤마다 빈 집을 둘이 밖에서 쭉 지키고 있더니

눈을 감아도
눈을 떠도
쓸쓸히 바람 부는 어느 가을날
강남으로 갔는지
아무리 기다려도 오지 않았다

이리 날고 저리 날고
어쩌고저쩌고 왁자지껄 훨훨
신나던 제비집

다 떠나고
텅 비었구나

그냥 가는 곳

수없이 가도
아름다운

가는 길이 양옆으로 아름다운 산길
밀양 댐 → 양산 배냇골

일요일 그 곳을 지나는 길에
그냥 노점 비닐하우스 구멍가게가 있다

메뉴는
어묵 막걸리 보릿고개 떡

지나는 사람들 그 곳에서 어울려 이것저것 먹으며
쉬어간다

나도 말없이
사람들 사이에 끼어

이리저리 돌아다니며
외롭고 쓸쓸함을 달래며
정을 충전한다

오뎅 국물을 마시며
보릿고개 떡을 먹으며

꿈

씨앗 속엔
새싹이
다소곳이 곱게 잠자고 있다

쓰레기로 버려져
거름 무더기 속에서
썩어가는 줄도 모르고

좋은 땅에 떨어져
싹을 틔워
친구들과 세상 밖으로 나와
빗방울로 목욕하고
햇살로 짠 비단 옷을 입고
바람 타고 하늘 그릴 꿈을 꾼다

씨앗 속엔
새싹이
다소곳이 곱게 잠자고 있다

매미

아무도
관심 없이
세상에 나와

존재를 알릴길 없어
아무것도 할 수 없어
목청 터지게
울고
또
운다

맴! 맴! 맴! 맴! 맴!

울음소리 안 들리는 날

그는
메마른 울음 악을 쓴다

아무도

관심 없이

귀천하였다

빨간 돈주머니 줍던 날

하루 종일 주룩주룩 내린 비로
집 앞 개울물이
너무 예쁘고 깨끗하게 많이 흘러
큰 돌멩이 위에
빨래 두들겨 씻는 방망이 소리가
앞 산 단풍잎에 부딪쳐 메아리로 돌아오는

바지랑대 높이 치켜든 빨랫줄엔
빨래들이 가을바람 타고
하얀 뭉게구름 따라가고 싶어
파란 하늘을 나는
보석같이 아름다운 오후

동생들과
무더기로 날으는 고추잠자리 쫓아다니며 놀고 있는데

물 따라 여행 온

빨강 노랑 단풍잎 떠 있는 물가에
놓여 있는 빨간 돈주머니
번개같이 주워
큰 방 구석에서 몰래
동생들과 똑같이 나누어
호주머니에 넣으려는데
'아이고, 주머니 잃어버렸다!'
'금방 있었는데'
'누가 집어갔나'
'큰일 났다'

엄마 주머니였다

모두 다 압수

복숭아

인동초 넝쿨 사이
작은 산새 포르르 포르르 나는
고갯길을 지나
산모퉁이 돌아가는 오솔길에
복숭아밭이 있었다

복숭아 익는 향기가
온 세상을
맛있게 만드는 날
그곳을 지나다
너무 먹고 싶어
주인 있는 줄 모르고
복숭아밭에 살금살금 들어가
복숭아 한 개를 얼른 땄다
등 뒤에다 숨기고
조금 가다 보니
큰일 났다

내가 지나가야 될 길 위에
밭주인이
복숭아를 따고 있었다

여름이라 얇은 치마를 입어
호주머니도 없고
숨길 곳이 없었다

얼른
팬티 속에 숨겼다

주인 옆을 지나가며
복숭아가 떨어질까
살금살금 걸어갔다
들킬까 봐
온몸이 식은땀에 젖었다

복숭아 솜털 때문에
가려웠어도
엄마가 만들어준
꽃무늬 예쁜 미니 주름치마 입고
초록색 푸른 들길
모퉁이를 돌아
들길을 한참 가다
주인이 안 보일 때 먹었던
눈이 꼭 감기도록 맛있던
그 복숭아

완두콩

동네
누구 집
어느 밭에
완두콩이 있는지 다 안다

친구랑 둘이
몰래 숨어서
호주머니에 가득 따
뒷동산에 올라가 꿀맛같이 먹었다

완두콩알에
주인 얼굴이
보인다

라일락 꽃

우리 막내
엄마
꽃 좋아한다고
교정에 피어있는 라일락 꽃
선생님 몰래 한 줄기 따서
필통 속에
꼭꼭 숨겨온 향기
엄마 눈 속에 숨었다

오늘도
눈을 감고

그 향기
조금
꺼내어
마음의 뜰에 뿌린다

물소리
새소리 들리고
라일락꽃 피어난다

그
향기로

나는 행복하다

봄의 씨앗 크로커스

며칠 전 내린 눈이 여기저기 쌓여 있다

온 세상이 겨울 햇살로 눈부시다

아직 봄은
멀리 있지 싶은 날

앞마당 양지쪽
크로커스 심어 놓은 자리 살며시 가본다

아이고 큰일 났구나
봄이 왔구나

눈 녹아 촉촉한 땅 위에
노랗게 예쁘게 피어
작은 몸으로 씩씩하게
온 세상에 금빛 봄의 정기 뿜어내고 있구나

또 아까운 겨울이 가는구나
아직 봄 맞을 준비도 안됐는데
한쪽 가슴은 내려앉고
한쪽 가슴은 설레고

송아지

코 꿰지 않은 송아지
강둑에 풀 먹이러 간다
송아지에 비교하면
나는 참새 정도다
얌전하게 풀을 먹는다
나는 목줄을 두 손으로 꽉 잡고 있다
갑자기
저 — 멀리를 보며 꼬리를 하늘로 치켜든다
아 —
신 나게 달린다
큰일 났다
무서운 아버지 얼굴이 번개처럼 스쳐간다
걱정하시는 엄마 얼굴이 떠오른다
나도 같이
죽을힘을 다해 달린다
목에 매인 줄을 꽉 잡고
손 껍질이 벗겨진다

며칠 전에 벗겨진 곳은 또 벗겨져 피가 난다
잃어버리면 얼마나 큰일이 나겠나
줄을 놓쳤다
나는 엉엉 주저앉아 울고
송아지는 더 신나게 달리고
하늘은 파랗고
뭉게구름이 웃고 있다
푸른 둑길은 가물가물하게 길다

돌아서면 남

기나긴
세월을
같이 걸어도

이 사람이 누구지

낯선 사람

남남으로
만났으니

남이지

시

아무도
관심 없는
가엾은 나의 시를
오늘도 쓴다
지나간 시간들을
되돌려
옷장 정리하듯
모두 꺼내어
다시 살고 있다
나의 시와 함께
아무도
관심 없는
가엾은 나만의 나의 시를
오늘도 쓴다

보리논 김매기

언니 나, 동생
봉답 논에 심어놓은 보리논에 김매러 갔다
논이 세 군데다
아주 작은 논, 중간 논, 큰 논
큰 논은 작은 논 두 배도 넘는다
잡초하고 보리하고 구별도 잘 못했으니까
아주 어릴 때인 것 같다

같이 모여 매면 덜 힘들고 덜 지겨울 텐데
철이 없는 언니가 수를 쓰기 위해 가위 바위 보를 하잖다
키도 크고 덩치도 크고 힘도 센
언니가 반칙을 해서 제일 작은 논
나는 중간 논
제일 어린 동생은 커다란 논에
개구리만 하게 앉아
속이 상해 고개 푹 숙이고
혼자 풀을 뽑고 있다

일 년 내내 뽑아도 다 못 뽑을 큰 논에
동생이 가엾다
이렇게 법을 정한 언니가 얄밉다
마음에 품고 있으면 웃고 말아라
그땐 정말 미안했다
그때의 내 동생아

꽃샘추위

모래알 하나
남지 않은

억울한 가슴
뒤집어 놓으려

와도가도 소용없는

봄의 문 활짝 열고

살며시 약 올리며 벌어지는
얄미운 꽃잎

매서운 북풍
휘몰아친다

진눈깨비

휘날린다

물러서지 않으려
발버둥 친다

피지 마라
피지 마라
쌤통이다

■ 작품 해설

발화되기 시작한 새싹의 숨결

— 이철경 (시인 · 문학평론가)

발화되기 시작한 새싹의 숨결

이철경 (시인 · 문학평론가)

유년시절도 미래도 여성으로서 그 존재의 의미에 대한 추구는 여성시의 특징이다. 최성필 시인은 '여성' 으로 살아간다는 것의 의미를 새롭게 시속에 담아내고 있다. 그것은 시인 개인의 고달픈 넋두리가 아닌, 이 땅의 모든 여성의 삶을 담아내는 목소리로 진솔하면 할수록 의미는 깊어지는 것이다.

최성필 시인은 시집 『다시 살고 싶은 날』에서 자신을 이야기하면서 그 안에 비춰지는 자신의 생각을 그려내고 있다. 그것이 숙련의 결과라기보다는 연륜의 드러냄이라는 점에서 더 의미 있게 다가온다. 시인은 자기가 소중하게 여기는 것들이 하나 둘 떠나는 현실을 안타까워하며 꽃을 향한 시선으로 온

건해진다. 두 딸에 대한 사랑을 꽃을 키우며 하나의 애정 어린 시선으로 응시하면서 가족을 보듬는 정형으로 제시되는 요건을 시에서 갖추고 있다.

그러면서 기교를 부리지 않는 최성필의 시적 서술은 얼핏 평이하게 느껴지지만 결코 아니다. 시인의 내면을 읽는다는 것은 시의 숨겨져 있는 안쪽을 들추어내는 일이다. 이 시집의 강점은 서정적인 풍경들과 나름의 세상을 바라보는 시선이 맑다는 것이다. 잠시 시인의 시각으로 느끼고 생각한 풍경들을 바라보며 우리 함께 유년의 길을 되돌아보는 것도 행복한 시간일 것이다.

한 십년 신으라고
아버지가 오일장에서 사다주신
새로 나온
진짜 타이어표 검정 고무신

얼마나 크던지
발에 잘 걸리지도 않던
신어도
신어도
잘 닳지도 않던
정말
질긴

고무신이 지겨워
어느 날
몰래 연필 깎는 칼로 찢었다

아버지는
송곳으로 뚫어
실로 더 단단히 꿰매 주셨다

어휴!

—「검정 고무신 진짜 타이어표」 전문

이번 시집에 실린 90여 편의 작품 중에 많은 비중을 차지하는 것이 유년의 기억에 관한 시들이다. 위의 시처럼 순수하고 맑은 시편들을 볼 때, 화자는 어린아이의 시각으로 기억의 이미지를 그대로 옮겨왔다. 지금은 잊힌 놀이라든가 오래되어 사용치 않은 사물들, 그리고 일반 사람들은 사용하지 않은 언어들이 불쑥 튀어나온다. 그러한 소재들로 짜인 시를 보면서 유년의 기억을 더듬어가는 여정은 더없이 따뜻하고 온화하다.

위의 시에서도 고무신에 대한 소재로 아버지의 마음과 궁핍하고 힘들었던 유년의 뒤안길을 거닐고 있다. "새로 나온/ 진짜 타이어표 검정 고무신" 은 헐겁고 불편하기도 하거니와 금방 싫증을 내는 아이의 마음을 읽을 수 있다. 그 힘든 시절에 아버지는 오래 신으라고 넉넉한 크기에 새 신발을 사 오셨지만 화자는 "정말/ 질긴/ 고무신이 지겨워/ 어느 날/ 몰래 연필 깎는 칼로" 찢어버린다. 이 대목에서 어린아이의 심술궂은 마음을 읽으면서 미소 짓게 한다. 순수하고 맑은 아이의 심성은 아랑곳하지 않고 아버지는 정성스럽게 "송곳으로 뚫어/ 실로 더 단단히 꿰매 주셨다" 머리에 그려지듯 시골의 아버지와 딸의 표현이 동화처럼 흘러간다. 마지막 연에서 "어휴!" 하며 안타까운 아이의 마음을 느낄 때, 아주 작고 철없는 순박한 화자의 모습에서 독자들을 미소 짓게 한다.

시인은 또 아버지에 대한 추억도 여러 곳에서 나온다. 가령 "밤이 깊도록 아버지께서 들려주시는/ 빨갱이 이야기 징용간 이야기 왜놈 이야기/ 언제나 탤런트같이 온몸으로 그때를 재연하시며/ 액션 연기"(「가을의 추억」)하는 설명에서 온화하고 든든한 아버지의 모습을 회상하는 장면이 나온다. 어머니의 역할이 헌신하며 무한한 사랑으로 자식들을 보듬는다면, 아버지의 이미지는 존재 자체가 자식들에게 든든한 버팀목이고 언제든 일어설 수 있는 강한 부성애의 근원이다. "새벽에 아버지께서 깨우면/ 일어나기 싫어도 일어나야"(「소 먹이기」)하는 경우도 있지만, 화자의 기억에 담긴 아버지는 따뜻하고 온화하다.

과거 많은 문학작품이나 시에서 표현되는 아버지의 역할은 독재자이거나 억압의 상징이었다. 한국사회가 발전하면서 부드러운 존재의 아버지상이 확산되기 전까지는 아버지를 부정하는, 반기反旗의 존재였다. 그러나 시인은 "겨울엔/ 아버지께서 만들어주신/ 나무 스케이트 탄다고/ 빨갛게 언 손 호호 불며/ 얼음에 미끄러져/ 얼마나 엉덩방아를 많이 찧었는지/ 옷이 다 젖어/ 엄마한테 혼"(「언제나 그리워라」)날까 걱정하는 시에서 아버지의 존재는 어머니보다 때로는 더 인자하게 표현되기도 한다. 아버지의 존재가 마냥 부드러운 모습은 아니지만 "무서운 아버지 얼굴이 번개처럼 스쳐간다/ 걱정하시는 엄마 얼굴"(「송아지」)을 떠올리며 아이의 심성을 잘 표현해주고 있다. 이렇게 시인의 시집에서 유년을 대표하는 아버지의 상징이 보였다면, 꽃이나 들판의 사물로도 치환되어 또 다른 감성을 자극하고 있다.

자운영 꽃향기와
들새들과
검정 고무신 손에 쥐고
강가를 날아다니던,

반짝이는 강물 속에 헤엄치며
물새들과 물장구치던
꽃잎보다 귀엽던 어린 소녀

뜸북새 울음소리 바람결에 들려오는
풀냄새 향기로운 들길을
소등을 타고 다니던

한여름 햇볕에
새카맣게 그을려
눈동자보다 더 까만 얼굴로
이웃동네 아이들과 전쟁놀이 하던
풀잎보다 푸르던 개구쟁이 소년
—「다시 갈 수 없는 날」 부분

위의 시에서 회상하는 시인의 유년은 들판의 꽃이라든가 새들의 노래가 여러 번에 걸쳐서 나온다. 꽃을 예로 든다면, 자운영(「다시 갈 수 없는 날」), 제비꽃(「봄 소풍」), 박꽃(「박꽃」), 모란 꽃(「정」), 원추리꽃(「원추리」), 아카시아꽃(「어느 날」), 살구꽃(「봄밤」), 벚꽃나무(「벚꽃나무」), 산다화(「산다화」), 복숭아꽃, 진달래꽃(「눈을 감고」), 목단 꽃 라일락 꽃/창포 꽃 원추리 꽃(「닭 잡는 날」), 방울꽃 도라지꽃 등등, 시집을 읽다보면 꽃 속에 묻혀 그 꽃들은 여러 가지 이미지를 받쳐

주며 유년의 환상적이고 아득하게 스며든다. 꽃들은 다시 꽃냄새, 꽃봉오리, 꽃무늬, 꽃향기로 이어진다. 이 수없이 많은 꽃은 시인의 유년을 화사하게 채색하여 동화를 읽는 것처럼 행복의 나라로 인도하는 것이다. 왜 시인은 꽃에 대한 강한 애착을 갖는가? 꽃은 인생의 가장 화려한 순간일 것이다. 유년의 추억은 온갖 꽃으로 장식된 아름다운 고향이다. 화자의 마음으로 본 세상은 여전히 아름다운 시절 행복한 기억에 담겨 있기에 전혀 낯설지 않을 것이다. 그 각각의 꽃들은 추억을 하나씩 가지고 있다. 그 추억이 시로 연결되어 온갖 꽃들이 만발한 화원이다. 빛나던 시절 행복했던 기억들, 그것은 시인의 기억에 남아있는 독창적이고 재해석된 화원일 것이다. 위의 시처럼 대표적인 자운영의 추억은 강가에서의 추억이다. "반짝이는 강물 속에 헤엄치며/ 물새들과 물장구치던/ 꽃잎보다 귀엽던 어린 소녀" (「다시 갈 수 없는 날」)의 시절에 관한 기억이다. 그 푸르던 날들의 기억은 다시 돌아갈 수 없는 머나먼 기억이라서 더욱더 애처롭고 울림이 크다.

"민들레/ 제비꽃과 꽃다지와/ 맑게 맑게 웃" (「봄소풍」)던 그 유년시절의 들판이 기억될 것이다. 작고 앙증맞게 예쁜 꽃들의 기억이다. 그 꽃에서 드러나는 아름다운 기억은 "예쁘게 꽃 수놓은 광목 가방에/ 김치 넣고 길게 말은 김밥 두 줄/ 쑥버무리 한 뭉치" 의 정성스런 엄마의 모습으로 연결된다. 소풍은 단지 소풍으로 끝나지 않고 추억 속에 담긴 유년을 그리며 아이의 함박웃음으로 보여준다. 그러므로 꽃은 각각의 기억이고 그 기억은 엄마를 그리워하는 마음이라고 볼 수 있다. 그러한 마음이 극명하게 드러난 시는 다음과 같다.

꽃이
피기를
꽃이 지는 그날부터 기다렸다

꽃봉오리가 나올 때
꽃이 빨리 질까 봐
비 안맞게 꽃 위에 비닐을 덮고
꽃봉오리
입 맞추고
손도 흔들고
사랑을 퍼부었다

살며시 피어난다

새들이 지저귀고
햇살이 웃고 있다

예쁘다

너를 만나 정말 반갑다

―「모란꽃」 전문

"꽃이 지는 그날부터" 꽃이 피길 기다리는 간절함과 애절함은 사랑이다. 어머니의 사랑처럼 화자 또한 어머니가 되어 수많은 꽃을 돌보듯 자식을 돌본다. 어머니에게 받은 사랑은 자식으로 전이되어 "꽃봉오리가 나올 때/ 꽃이 빨리 질까 봐/ 비 안맞게 꽃 위에 비닐을 덮고/ 꽃봉오리/ 입 맞추고/ 손도 흔들고/ 사랑을" 퍼붓는다. 이렇게 꽃을 돌보듯 애지중지 진

자리 마른자리 갈아내며 정성을 다해 혼신으로 한 계절 꽃을 돌보듯, 꽃 같은 자식을 돌보았다. "새들이 지저귀고/ 햇살이 웃고 있다/ 예쁘다/ 너를 만나 정말 반갑다" 로 끝나는 시에서 절절한 화자의 마음을 읽을 수 있다. 꽃은 시인에게 어머니이고 자식으로 대체 가능한 사물이다. 그러므로 꽃은 사랑이다.

모깃불 피워놓고
노란 부채 들고
밤새도록 놀던
사람향기 진동하던 보고 싶은 사람들아

모두 다 어디로 떠났는가

오늘밤도 나처럼
어느 하늘 밑에서
옛날을 생각하며
눈동자 반짝반짝 빛나고 있겠지
언제나 눈물 속에 숨어있는
고향의 흙냄새
뛰어 놀던 강가
같이 놀던 동무들

—「고향의 한여름 밤」 부분

함께 뛰놀던 고향의 벗들도 하나둘씩 연락이 두절되고 홀로 남아 고향의 한여름 밤을 그리워하는 마음을 나타낸 이 시의 정서는 쓸쓸함이다. 계절은 봄이 되면 아름다운 꽃을 피우고 결실을 맺은 후 급격히 늦가을의 찬바람을 맞으며 움츠리게 된다. 사람은 누구나 자연과 함께 몸도 마음도 세월이 가면

하나둘 잎이 떨어지듯 쓸쓸한 시절을 맞이하게 된다. 이미 "어느 하늘 밑에서/ 옛날을 생각하며/ 눈동자 반짝반짝 빛" 나던 고향 동무들과 그리운 친구들은 대부분 "모두 다 어디로 떠났는가" 라고 토로한다.

코스모스 연분홍 진분홍
가지런히 줄 서서 얼굴 내밀고
하얗게 웃으며 살고 있는 가을 길을
우리들도 알록달록
조잘조잘 웃으며 얘기하며
줄을 서 걸어간다
다시 한 번 그 소풍
오늘밤 꿈속에서 갈 수 있다면…….
—「가을소풍」 부분

또 이 시에서는 "조잘조잘 웃으며 얘기하며/ 줄을 서 걸어간다/ 다시 한 번 그 소풍/ 오늘 밤 꿈속에서 갈 수 있다면……." (「가을 소풍」) 좋았을 것을 회상하며 그리워하기도 하고 동네 홍수로 어른들은 걱정이 태산이지만 즐거움과 잔잔한 미소를 머금게 하는 어린이이의 깜찍한 생각을(「휴교」) 소중히 기억하고 있다

초등학교 4 학년 때
큰 강둑이 터졌다

흙탕물이 온 들을 다 덮어
바다같이 되었다
교실도

운동장도 다 잠겼다

얼마나 기분이 좋던지

수박이 둥둥 떠다니고
장독도 떠다니고
보릿짚 둥둥 떠다니는 위에
이상한 뱀들이 우글우글 엉켜 떠다니고
파란 사과도 떠다니고

어른들은 물가에 나와
먹을 게 다 떠내려 간다고
한숨을 태산같이 쉬고 있는데

명절같이 나는 기뻤다

오래도록
학교에
안 가도 되니까

—「휴교」 전문

이러한 화자의 심상은 또 어느 계절에 상관없이 "이 꽃도 만나고/ 저 꽃도 만나고/ 외롭거든 꽃" 과 대화를 나눈다. 이별의 상처를 치유하는 방식은 땅속에서 살며시 웃으면서 나올 대상과의 대화이다. 꽃에 대비하여 동무들을 만난다면, 새에 투사하여 노래하기도 한다. 홀로 "앙상한/ 높은 나무/ 가지 꼭대기 위에/ 혼자 앉은/ 슬픈 작은 겨울새/ 애처로운 울음소리/ 노을 진/ 차가운 하늘을/ 가득 메운다" (「새」) 또 다른 시에서 "떠난 이들/ 찾아/ 떠나려고/ 길 떠날 차비를 다하였구나/ 이별의 골짜기에 우리들을 남겨"(「11월의 단풍」)둔 생각은 모두 화자를 떠나가는 쓸쓸한 모습을 보여주고 있다.

화자는 꽃에 투사되어 외로움을 달래려고 꽃을 심는다. "올해 지면/ 내년 봄에 건강하게 더 예쁜 친구 불러서/ 내가 심은 꼭 그 자리에/ 땅속에서 살며시 웃으면서 나와 또 만날 수"(「수많은 이별」)있기를 바란다. 여러 가지 꽃들은 옛 친구의 이름으로 하나둘 불러내기도 한다.

아픔을 느낀다는 것은 참 고약하다. 사랑하다 헤어지면 왜 꼭 가슴이 아파야 할까.

나물 팔아 꼬깃꼬깃 모아 놓은 보석 같은 돈
그 고생 많은 돈으로 무엇을 하겠는가
빈 고동 껍질처럼 혼자 남아
외로워 서러워서 장에 나온다
이런저런 위로하며 위로받으며
언제나 아슬아슬하게 다니시는 재래시장 뒷골목 길
그 골목 지날 때면
가슴이 막혀온다
할머니 시대 끝나면
전설처럼 텅 빈 골목 되겠지
오늘도 에덴의 동산을 지키는
주인같이 앉아계신 할머니들

—「재래시장 뒷골목 길」 부분

화자는 재래시장에서 전대에 든 "나물 팔아 꼬깃꼬깃 모아 놓은 보석 같은 돈”에 대해 “빈 고동 껍질처럼 혼자 남아”서 어떤 즐거움이 있겠는가, 라고 덧없음을 말한다. 그 덧없음은 허무이고 허무의 근원은 “외롭고 서럽기” 때문이다. 그 고독을 잊으려 말벗을 찾아 위로하고 위로받으며 재래시장 뒷골목으로 흘러들어온다. 그러나 그곳에 모인 할머니의 삶은, 유한한 한정된 시간일 뿐이다. 서로가 서로에게 위로가 되는 시간은 그리 길지 않음을 화자는 잘 알고 있다. “전설처럼 텅 빈 골목”이 됐을 때 그들은 이승에 없는 전설 속 무릉도원 같은 이야기로 남는다는 것을 에덴동산 할머니도 잘 알고 있을 것이다. 그러한 화자의 시선이 지금 그곳에 머물러 있기에 더 가슴 아픈 일인지도 모른다.

“세월은 이유 없이 흘러/ 구명조끼도 없이/ 눈먼 갈매기도 오지 않는 바다”에서 그가 좋아하는 노래를 목청껏 부를 시간마저 없다고 느낀다. 그것은 “케이크에/ 큰 초 작은 초가 빽빽”(「내도 니도 구명조끼는 없다」)한 풍경을 보고 과거를 되돌아본다. “나의 머리에 그리고 있는 세월을 보았지/ 마지막/ 남은/ 하얀색/ 물감”(「석양」)이나 “이 일을 어찌할꼬!/ 나홀로 나홀로 나홀로 뿐이구나”(「더 텅 빈 날」) 라는 독백은 독자들에게 화자의 정한情恨을 그대로 보여준다.

대답이 없구나
우주를 둘러봐도 아무도 없구나

이 일을 어찌할꼬!

나홀로 나홀로 나홀로 뿐이구나

꾀꼬리야 울어라
너라도 울어다오

원추리야 피어라
너라도 피어다오

—「더 텅 빈 날」 부분

타인의 숨겨진 상처까지 읽어낼 줄 아는 게 시인이지만 또한 대체적으로 섬세하고 예민한 탓에 남들보다 더 많은 상처들을 간직하고 있는지도 모른다. 최성필 시인이 시를 통해 표현하고 있는 것은 '유년의 시절과 꽃을 보듬는 일' 이다. 시인들은 각자의 삶속에 저마다의 상처를 지닌 채 살아가기도 하고 시인 자신의 삶을 시에 표출하기도 한다. 이렇듯 시집 『다시 살고 싶은 날』에서 그가 바라본 세상과 유년의 기억은 독자에게 잔잔한 울림을 줄 것이라 믿는다.

포엠포엠
POEMPOEM

■ 펴낸이 말

감추어오던 삶의 각질을 '다시 살고 싶은 날'을 통해 벗겨내고 여유를 뿜어내는 지극히 자연스러운 덕목

섬세하면서 열정적인 이미지가 돋보이는 최성필 시인의 작품들에선 지나쳐버린 시간들에 대한 아쉬움과 쓸쓸함이 동시에 나타나고 있다. 또한 생명력 있는 들꽃처럼 편안하게 포착된다. 매끄럽게 정제시키지 않고 묵은 장독에서 오랜 숙성과정을 거친 장처럼 깊은 우리서정의 맛을 내고 있다. '통학' '닭 잡는 날' '재래시장 뒷골목 길' '검정 고무신 진짜 타이어표' 등 여러 작품에서 자신의 경험에 의해 독자에게 아리한 아날로그적 감성을 건드려주는 것은 또 다른 정겨움을 느끼게 한다.

그동안 여성의 치열한 여정을 살아오면서 가볍지 않은 깨달음을 보여주기도 하고 자기 자신에게 회귀하는 꿈을 꾸며 긴밀히 독자에게 다가서고 있는 중일 것이다. 시는 깨달음이고 삶이다. 지나온 시절의 꿈에 비해 한낱 초라하게 느껴지기까지 하는 자신의 존재에 대해 하염없이 바라보며 쓸쓸함을 소중하게 받아들이는 초월적 자세는 오히려 연민을 느끼게 한다. 첫 시집을 내기까지 오랜 시간, 감추어오던 삶의 각질을 '다시 살고 싶은 날'을 통해 벗겨내고 여유를 뿜어내는 것은 지극히 자연스러운 덕목으로 보인다.

— 한창옥(시인. 『포엠포엠』 대표)